AF542926

CONSIDÉRATIONS

SUR LE RENOUVELLEMENT,

PAR CINQUIÈME,

DE LA CHAMBRE DES DÉPUTÉS,

AU COMMENCEMENT DE LA SESSION DE 1823.

PAR LE Cte. E. DE MONTLIVAULT,

ANCIEN OFFICIER DE MARINE.

A PARIS,

CHEZ A. EGRON, IMPRIMEUR-LIBRAIRE,

RUE DES NOYERS, N° 37;

ET CHEZ TOUS LES LIBRAIRES DU PALAIS-ROYAL.

Février 1823.

CONSIDÉRATIONS

SUR LE RENOUVELLEMENT,

PAR CINQUIÈME,

DE LA CHAMBRE DES DÉPUTÉS,

AU COMMENCEMENT DE LA SESSION DE 1823.

Si une nouvelle expérience eût semblé nécessaire pour confirmer celle des six ou sept années précédentes, il est certain que l'ouverture des Chambres au commencement de 1823 n'eût laissé aucun doute sur l'énorme inconvénient, signalé depuis long-temps et annuellement éprouvé, du renouvellement par cinquième de la Chambre des Députés. Ce mode, qui fut sans inconvénient et présentait même quelque avantage sous le régime impérial, pour un corps qui délibérait dans le silence, sans témoins, et pour ainsi dire à l'insu de la France, est devenu funeste au système représentatif tel que la charte l'a conçu. La Chambre des Députés, constituée comme elle l'est depuis cette époque, délibère à haute voix, en présence d'un nombreux auditoire, et, par l'intermédiaire des journaux, en face de toute la France et même de l'Europe. Il existe donc une immense différence entre l'ancien Corps Législatif, dont les muettes majorités ne furent jamais un sujet d'inquiétude pour le Gouvernement, (un seul cas excepté), et cette Chambre des Députés dont la tribune, séjour des orages et des passions les plus opposées, admet les opinions les plus divergentes et semble légitimer tous les écarts. Magique et incompréhensible effet du regard public qui transforme tout-à-coup l'homme qui opinait, dans le silence, à huis clos, en un orateur brillant ou fougueux, avide de gloire s'il est homme de bien, amant de la célébrité, s'il n'est que vain et léger, factieux et capable de tout renverser, s'il n'est qu'envieux et avide. Ce n'est donc que par une masse imposante d'opinions, dans l'une et l'autre Chambre, revêtue du sceau de l'approbation royale, que l'on peut espérer, dans ce système de gouvernement, de régir un peuple que jusqu'ici ses antiques lois et ses moeurs n'avaient pas accoutumé à ces formes populaires et souvent scandaleuses. Mais où trouver cette masse, ce solide faisceau des saines opinions, autre part que dans une majorité nombreuse, qui pleine de confiance dans les ministres qui ont su réunir le vœu des Chambres à l'honorable choix du monarque, soutient d'une manière inébranlable le système d'administration qui lui paraît le plus conforme aux lois existantes et à la prospérité du royaume. C'est elle qui constitue l'essence et la puissance réelle de ce Gouvernement, et non les majorités mesquines et pour ainsi dire microscopiques, qui nécessitent la plus scrupuleuse attention des scrutateurs; expression dérisoire de l'opinion publique, surtout si l'on veut faire la part des complaisans et des intéressés. La France en a fait la funeste épreuve pendant quelques années, et Dieu sait où nous eût conduits cette lutte de l'ignorance ou de la perfidie avec les principes éternels de l'honneur et de la loyauté. Mais enfin cette imposante majorité s'est déjà montrée à deux époques différentes, et semblait promettre les plus heureux résultats. Foudroyée en 1815, elle a reparu en 1822, et tout semblait annoncer sa ferme durée; mais comment espérer qu'elle puisse résister aux secousses périodiques d'un renouvellement annuel! Si les plus zélés soutiens d'un ministère ne disparaissent pas toujours dans cette fréquente lutte des élections, au moins de nouvelles combinaisons se présentent à chaque session : des chances nouvelles s'offrent tout-à-coup et viennent flatter la sourde ambition de quelques rivaux, qui écrasés sous le poids d'une majorité dont ils faisaient partie naguère, n'eussent jamais osé songer à une scission toujours funeste quand le génie du mal est à la porte.

Chancelant tout-à-coup sur cette base mobile, le ministère se voit dans la nécessité de faire usage de toutes ses ressources pour cimenter de nouveau une union indispensable. Les entrevues, les négociations, les rapprochemens, les concessions même, toujours plus ou moins fatales à l'unité d'action dans le Gouvernement, tous les moyens de persuasion enfin sont mis en jeu. S'ils sont insuffisans, que lui reste-t-il à faire? Rapprocher les opinions par les intérêts, caresser l'amour-propre des uns, satisfaire l'ambition de quelques autres, et l'on ne sait que trop que ce moment devient celui des faveurs arrachées au besoin impérieux de conserver son existence. Si cependant tous ses soins, toutes ses prodigalités sont inutiles, il tombe, et lègue la difficulté à ceux qui le remplacent : s'il réussit, son existence est assurée jusqu'à la session prochaine, où l'embarras renaît et augmente par l'espoir toujours croissant de rivaux qui l'ont déjà vu prêt à succomber.

A aucune époque, le vice radical du renouvellement par cinquième ne parut aussi à découvert qu'à l'ouverture de cette session, où l'on a vu la majorité la plus compacte, la plus unie de cœur et de sentimens, les plus courageux défenseurs de l'ordre social, les plus vaillans champions des doctrines morales, religieuses et politiques se diviser tout-à-coup et ébranler ainsi les fondemens du gouvernement représentatif. Le spectateur interdit jette avec douleur ses yeux de l'un et de l'autre côté; il aperçoit, rangés sous des bannières différentes, ceux qui, jusqu'à ce jour, s'étaient acquis un droit égal à sa reconnaissance et à son admiration. Si la simple retraite de Patrocle et d'Achille paralysa si long-temps les efforts des Grecs, qu'eût-ce donc été s'ils eussent tourné leurs armes contre d'Ajax et Diomède? Les Troyens eussent poussé des cris de joie et bientôt de victoire : la Grèce eût perdu sa cause. Ah! songeons au moins à ne plus compromettre la nôtre.

Suivons donc un peu les effets et les résultats de cette crise que l'on a si bien nommée, *fièvre électorale ;* expression qui, pour le dire en passant, dénote clairement un état de maladie. D'abord, dans les départemens appelés à renouveler leur députation, l'intrigue se montre aussitôt : l'effervescence des partis opposés monte souvent au plus haut degré, et le cinquième de la France se trouvant nécessairement dans ce cas, il en résulte, de la part du Gouvernement, des précautions administratives, comme les changemens de préfets, les dispositions de troupes ou de gendarmerie, etc. Le mal n'est cependant pas précisément dans cet état de choses, qui, dans le système d'un parlement quinquennal, aurait également lieu tous les cinq ans : mais il est dans le reste de la France, qui ne peut s'empêcher d'y prendre un vif intérêt. Le théâtre n'occupe qu'un cinquième du royaume, il est vrai, mais les quatre autres assistent à la représentation d'une pièce qui touche à ce qu'ils ont de plus cher, enflamme et exalte leurs passions. Ils forment des voeux opposés pour tel ou tel héros de ce drame, et la fréquence de cette situation est absolument contraire au calme des opinions, à la paix et au bon ordre. Si les époques étaient plus éloignées de cinq, six ou sept années, par exemple, les esprits auraient le temps de se rasseoir, l'opinion de se former dans le silence des passions, et même je pense que l'élection simultanée dans tous les départemens n'y produirait pas plus d'inconvéniens que l'élection partielle : car alors chaque département étant acteur, il n'y aurait plus de spectateurs; l'exaltation des partis n'y serait pas plus à craindre, si tant est qu'au bout d'un si long intervalle la véritable opinion publique n'eût pas encore eu le temps de se former. Je pense donc que le trop fréquent exercice de cette portion de la souveraineté est plus nuisible que favorable à la tranquillité d'un état, et qu'il nuit à la formation d'un véritable esprit public.

Considérons actuellement les conséquences de cette mesure à l'égard du ministère lui-même. La première de toutes est d'entraver les soins de l'administration pendant trois mois au moins, pour calculer et combiner toutes les chances favorables à son système d'élection; 2° pendant six semaines, pour sonder et essayer respectivement ses forces au moment de l'ouverture de la session; si vous ajoutez à cela le temps indispensable de la session elle-même, qui ne peut guère être moindre de quatre ou cinq mois, vous verrez qu'un ministre, qui pourrait en outre prendre l'engagement de n'être jamais malade, n'a pas réellement plus de trois mois à se livrer entièrement à son travail. Tout le reste est employé à défendre ses actes ou sa place : ce qui explique assez l'importance des sous-ordres, et la nécessité des sous-secrétaires d'état; 3° un ministère qui ne peut sans démence compter sur un avenir certain, ne peut aussi concevoir et exécuter que des plans éphémères et à courte vue : il marche en tâtonnant et sans confiance. Il est tel homme qui porterait la France au plus haut point de gloire et de prospérité, si on lui assurait dix années de ministère, et qui passera peut-être sur le banc des ministres sans y être à peine remarqué. C'est donc le temps, lui, qui féconde et développe les grandes idées, c'est ce puissant auxiliaire, qui manque et qui manquera toujours à nos hommes d'état, tant qu'ils demeureront exposés à cette lutte périodique et seront tourmentés de ce renouvellement de la Chambre par cinquième.

Pourquoi ce court espace de temps écoulé depuis l'établissement de la charte offre-t-il déjà un plus grand nombre de ministres que n'en présentent les soixante et douze années du règne de Louis XIV? Est-ce donc incapacité de leur part? Certes, sans être ici taxé de flatterie, on peut affirmer que dans cette foule de ministres éphémères, il s'est rencontré quelques grands talents et de véritables hommes d'état, et qu'à leur place, les Louvois et les Colbert n'eussent peut-être pas été plus heureux; mais, on ne saurait trop le répéter, dans le système représentatif, un ministère est le résultat combiné de la volonté du Monarque et de la majorité des Chambres. Si donc l'une de ces deux causes coefficientes vient à manquer ou à varier sensiblement, une nouvelle combinaison doit en être la conséquence inévitable. Or, chaque année, le renouvellement par cinquième vient troubler l'union de ces majorités, déjouer tous les plans, faire présumer ou opérer un changement total dans la composition, et par conséquent dans la marche de l'administration. La même cause doit enfanter éternellement le même résultat, à moins que la puissance législative n'intervienne, et c'est elle dont il faut implorer le secours, puisqu'elle seule peut y appliquer le remède.

L'objection principale sera sans doute tirée de la disposition formelle de l'article 37 de la charte : elle est puissante, j'en conviens; mais le salut de la charte elle-même n'est pas moins puissant, et doit, à coup sûr, l'emporter sur l'existence d'un seul article, accordé peut-être au désir de faire le moins d'innovations possibles à l'époque où elle fut octroyée. Les motifs qui peuvent déterminer la puissance législative sont grands, comme on le voit. Je dirai plus, ils sont impérieux; car il faut enfin mettre la lettre de la charte d'accord avec son esprit, et telle erreur pourrait s'y être glissée, qui n'a pu évidemment être dans l'intention de son auguste auteur, ni même d'aucun de ses conseillers à cette époque. L'article 37 dit formellement : *Les Députés des départemens seront élus pour cinq ans, et de ma-*

nière que la Chambre soit renouvelée chaque année par cinquième.

L'article 50 dit : *Le Roi peut dissoudre la Chambre des Députés des départemens.*

Or, le droit de dissoudre la Chambre, si précieux pour la sûreté de la couronne, et par conséquent pour le bien de l'état, entraîne, comme on le sait, la nécessité d'en convoquer une autre, dont les membres, c'est-à-dire les Députés des départemens, sont, aux termes précis de la charte, *élus pour cinq ans;* mais néanmoins par la rotation obligée du cinquième, les premiers sortans n'ont réellement été en fonction qu'une seule année ; les seconds, deux années, et ainsi de suite, jusqu'à la cinquième série, qui seule peut remplir la lettre textuelle de la charte : et alors, si S. M. ne juge pas convenable d'exercer sa haute prérogative, chaque cinquième rentrant est bien réellement élu pour cinq ans. Mais aussi, dans le cas contraire, les quatre cinquièmes des Députés, quoique constitutionnellement élus pour cinq ans, ne le sont administrativement que pour un, deux, trois ou quatre. Je ne doute pas, en tout état de cause, que la nécessité de rectifier cette légère discordance entre la lettre et l'esprit, entre le droit et le fait, ne soit généralement reconnue ;

et puisque les deux dispositions sont littéralement incompatibles ; et que, dans aucun cas, l'art. 50 ne peut être, ni contesté, ni altéré, quelle meilleure occasion peut se présenter pour opérer le changement que j'indique, cette modification si puissamment réclamée par l'intérêt de la France, que celui d'une correction ?

Je dois en outre faire remarquer que de cette idée, une fois reconnue et adoptée, découle nécessairement celle d'une Chambre quinquennale, renouvelée à la fin de ses mandats, ou à la suite de la dissolution opérée par la volonté du Roi. Cependant, je dois l'avouer, dans mon opinion particulière, un plus long terme serait préférable. Une Chambre septennale, avec un président nommé par le Roi, pour tout le temps des sessions, offrirait de plus grands avantages. Ceux que peut retirer un gouvernement de cette forme parlementaire, sont trop près de nous, pour que j'aie besoin d'insister sur leur exemple. On connaît assez le rigoureux respect des Anglais pour leur charte, et cependant elle n'avait établi qu'un Parlement annuel. Néanmoins de graves inconvéniens et de longs malheurs leur ayant fait sentir la nécessité de faire céder la lettre de la charte au cri de l'expérience, il fut successivement fixé à trois ans, puis enfin à sept, tel qu'il l'est aujourd'hui ; et c'est depuis cette époque que l'on a vu éclore les *Walpole*, les *Pitt*, etc., dont les longues administrations ont jeté un si grand éclat sur leur pays. Croit-on que cette prévoyante et sage politique, qui, dans ses intérêts, a porté la puissance anglaise à un point dont l'histoire ancienne n'offre aucune idée, qui lui permet de suivre avec vigueur, rectitude et persévérance, des plans que ses hommes d'état ont tracés pour le bonheur ou l'agrandissement de leur pays; d'étendre sa chaîne d'or de l'un à l'autre hémisphère; d'envelopper le globe entier de son réseau commercial; croit-on, dis-je, que tous ces miracles eussent pu s'opérer sous l'administration chancelante et éphémère d'une foule de ministres, dont les systèmes opposés eussent sans cesse détruit ce que leurs prédécesseurs auraient commencé.? Ah! cette fière et colossale Albion eût-elle jamais dicté ses lois, et porté ses coutumes et son langage aux extrémités de l'univers, si sa constitution première et fondamentale eût contenu de pareils germes de désordre. Reléguée dans un coin du monde, indifférente ou subordonnée aux puissances continentales, elle n'eût peut-être été qu'un pygmée politique.

Je conclus donc que cette forme, qui d'ailleurs a l'avantage de laisser à la couronne son droit de dissoudre la Chambre des Députés, quand elle le croit nécessaire, peut seule donner de la *fixité* à une administration, de *l'ensemble* à un système d'opérations, et mettre un terme, ou au moins une digue à cette désolante et ruineuse nécessité de satisfaire si fréquemment tant de petites ambitions et de misérables cupidités; enfin, exécuter ces plans à vue élevée et lointaine, qui supposent une longue *méditation*, et qui mûris dans le silence du cabinet demandent à être suivis avec *persévérance*.

Le moment est arrivé; espérons que pénétrés de ces considérations qui ont dû les frapper depuis long-temps, la Législature et les Conseils de S. M. se hâteront de provoquer une mesure d'où dépendent le repos constant de la France et sa prospérité future.

A. ÉGRON, IMPRIMEUR
DE S. A. R. MONSEIGNEUR, DUC D'ANGOULÊME,
RUE DES NOYERS, N° 37.

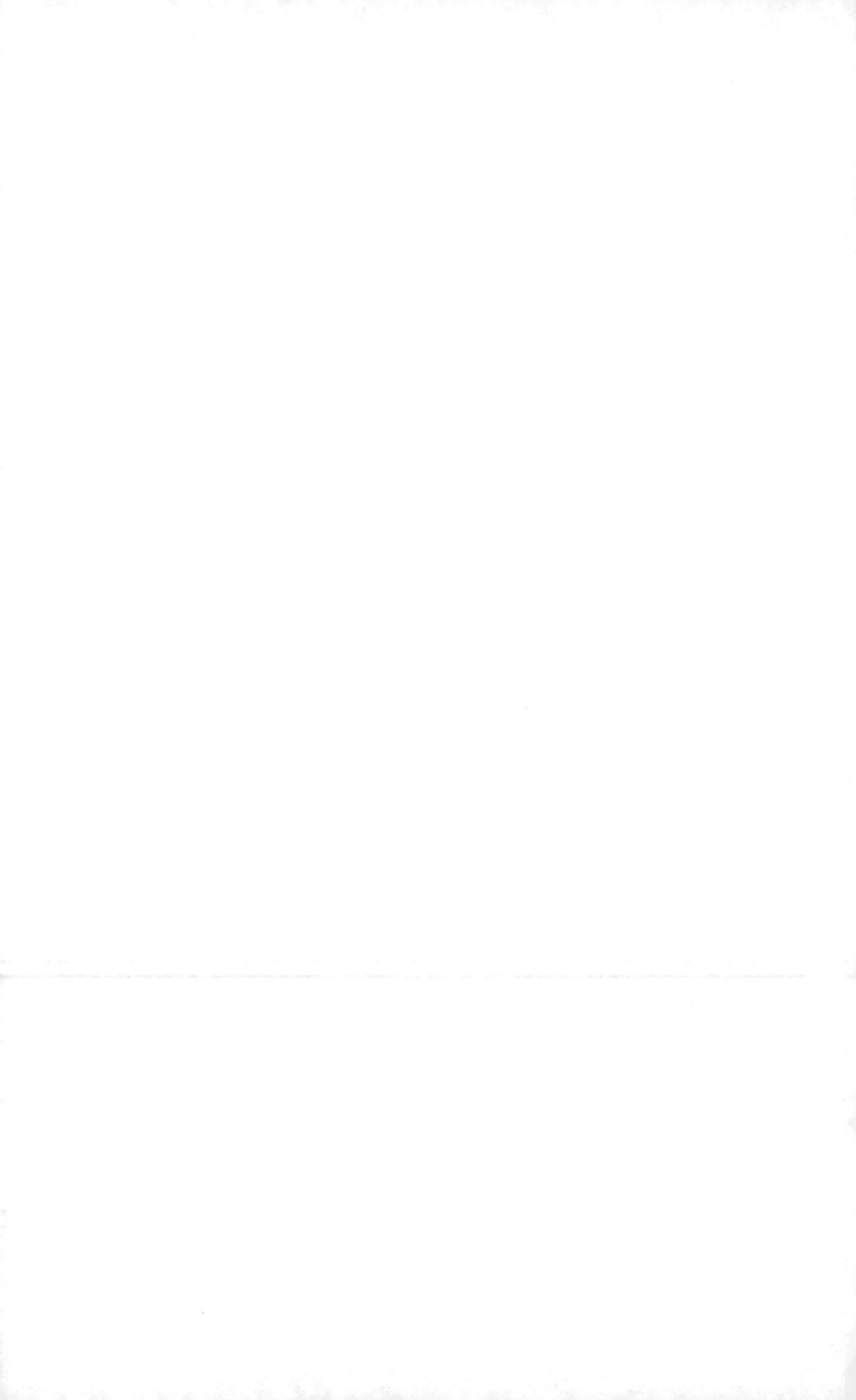

www.ingramcontent.com/pod-product-compliance
Lightning Source LLC
LaVergne TN
LVHW010218230826
846091LV00008BB/3562

9782011759702